AF139327

„... wer will mich
am Lächeln hindern,
wenn ich mich nach hinten lehne
in meine Erinnerungen
an Zeiten
berauschter Euphorie ...?"

M. und J. gewidmet

Margit Laubmeister

Meine Träume mondbeglänzt

Erotische Lyrik Prosa und Liebesgedichte

Bibliografische Information der Deutschen
Nationalbibliothek:
Die Deutsche Nationalbibliothek
verzeichnet diese Publikation in der Deutschen
Nationalbibliografie; detaillierte bibliografische
Daten sind im Internet über
http://dnb.dnb.de abrufbar.

© 2016 Texte und Fotografie
Margit Laubmeister
Herstellung und Verlag:
BoD – Books on Demand, Norderstedt
ISBN: 978-3-734742668

„Meine Träume mondbeglänzt"
Inhaltsverzeichnis Seiten

1

*... **Zu** spüren*
dein bebendes Gewicht
das ich, sachte bewegt,
auf meinem trage
meine Zunge, tastend
und doch wild bemüht
wiederzufinden, was Erinnerung ist
hineintauchen
vornübergebeugt aufspürend
zum Leben erwecken
mein Verlangen erkunden
mein Begehren bei Nacht
mondbeglänzt ...

2

*... **Mir** träumte*
der Glanz
von hunderttausend Sternen
läge auf deinem Haar
sammelte sich
zu sprühenden Funken
in deinen Augen
so hell
in ihrer gleißenden Unentrinnbarkeit
so schmeichelnd dem begrenzten Tag;
immer führt er zur Nacht
nach deren samtenen Ufern ich mich sehne
wie nach deinem weichen Mund.
Lasse uns eine Tat vollbringen
die die Nacht uns
nicht entwinden kann ...

3

... Überall deine Hände
auf meinem Rücken
ziehen Fingerspitzen
feine Spuren auf meiner heißen Haut
fühle, wie sie hinunterwandern
unter den Saum meines Rockes
sich sanft auf meine Pobacken legen
wie sie fest zupacken und
Gänsehaut über meine Taille kriecht.
Lasse deine Finger
hinab gleiten zu meiner Mitte
bis sie aufeinander treffen
sich an meinen Höhleneingang schmiegen
und mein Körper sich fiebrig
dir entgegen wölbt ...

4

*... **D**ir gefällt meine Ekstase*
mein wohllüstiges Stöhnen
während mein Herz rast
wie ein gefangenes Tier
in einem Käfig;
ich warte auf deinen Mund
deine Augen
die herausfordern
wie zu einem Duell
ein Nahkampf zweier Körper
die sich ergeben ...

5

... Zuerst dein Mund auf mir
deine schamlosen Hände
wie Raubvögel kreisen sie
über dem glatten Feld meiner Haut
dann stoßen sie lustvoll zu ...
wie du dich einfühlst
in meinen Rhythmus
ich mich auflöse
in deiner Ausdauer;
ja, packe fester zu!
Ich stürze endlos
falle in dich hinein
obwohl du in mir bist
meine Zähne schlagen in deine Schulter
meine Fingerspitzen
reißen Furchen
in deine fruchtbare Haut ...

6

*... **Wie** schön*
werde ich sein
unter deinen Händen;
komm, streue mir
das Funkeln der Sterne
in meine Augen.
Mit deinen Händen
auf meinen Brüsten
bin ich eingeschlafen ...

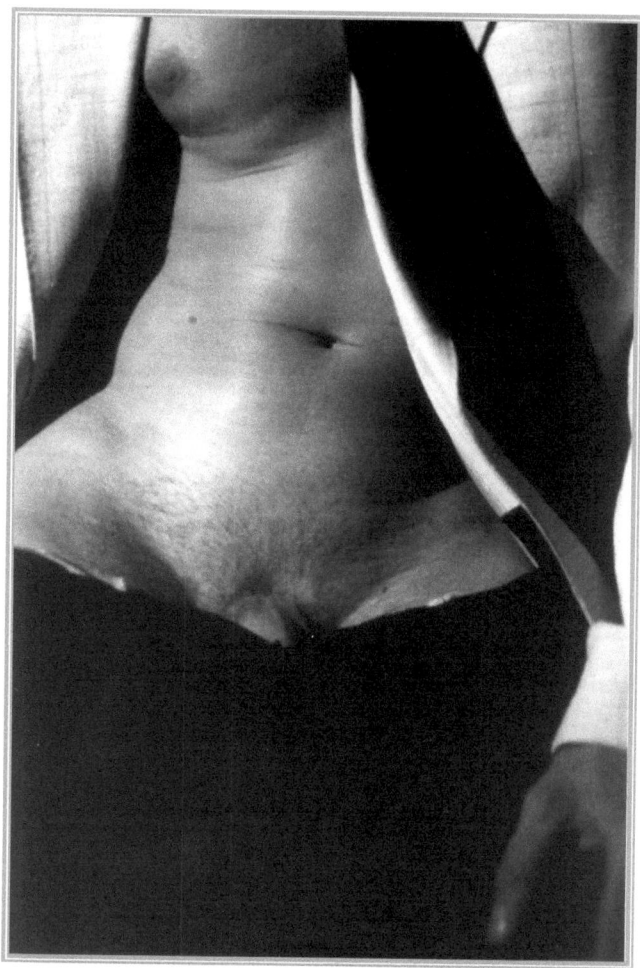

7

*... **Oh**, wie ich darauf warte*
deinen schönen Schwanz zu sehen;
mit meiner Zunge möchte ich
ihn zart umkreisen
bis du aufstöhnst vor Lust
mit meinen Händen ihn bearbeiten
bis du es nicht mehr aushältst;
soll ich ihn
mit meinem Mund aufnehmen
ihn schmecken
spüren, wie er sich bewegt
immer härter wird
und die Lust in deinen Augen
wird mich verbrennen ...

8

*... **D**eine streichelnden Hände*
werden der Funke sein
der meine Lust
wie eine Flamme entzündet;
wie schön werde ich sein
unter deinen Händen.
In bebender Erwartung
fühle ich
deine Zungenspitze
wie sie sanft
meine Brustwarzen umkreist
deinen Mund an meinen Schenkeln
nach unten gleiten.
Es muss animalisch sein
sodass ich sterben könnte
vor Lust ...

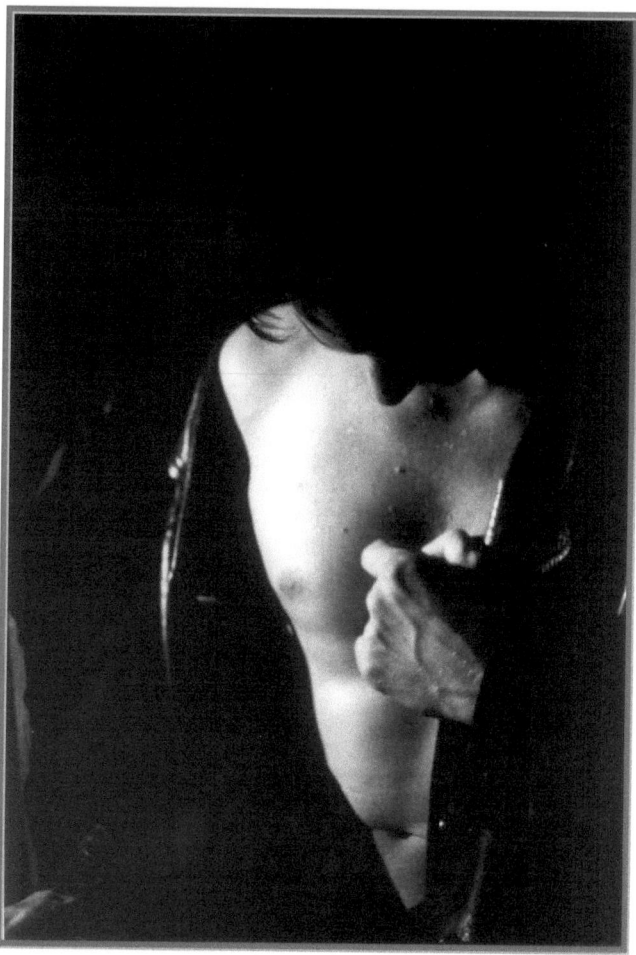

9

*... **In** dieser Nacht*
kämpfen sich meine Gedanken
durch die Finsternis
um mir den entrückten Zauber
deines Lächelns zu schenken
hin zu Armen
die mich herausziehen
aus der Dunkelheit
wie aus einem unendlichen
Meer ...

10

*... **In** Gedanken*
beleuchtet mein Verlangen
deinen Körper
um ihn herauszuheben
aus meinen Träumen
wie etwas
das man bewahren muss;
über mir dein süßes Gewicht
gräbt Liebesfurchen
in das Fleisch
meiner Lust ...

11

*... **D**as, wovon ich geträumt*
strebt mir
mit deinem Blick entgegen
dein Begehren
wie Feuer rieselt es
in mir hinab
vibrierender Strom
wie immer;
Schwindel und Rausch
zugleich ...

12

*... **D**ein Atem*
kommt tief und genussvoll.
Lasse deine Finger
zu meiner Mitte gleiten
während du in mich eindringst ...
dein rhythmisches Vor und Zurück
sehe ich
durch meine Lust hindurch
das Weiß deiner Zähne
das hinter deinen Lippen schimmert
das Weiß deiner glühenden Augen.
Da ist nur das Geräusch
unseres verflochtenen Atems
das leise Schmatzen
unserer nassen Bäuche
wenn sie aufeinander treffen ...

13

*... **K**ein stummes Seufzen mehr*
nach meinem Stern
doch wachsende Unruh
er könnte erlöschen
wie meine Lust auch
die sich noch
über meine Liebe legt
und Galaxien weit reicht ...

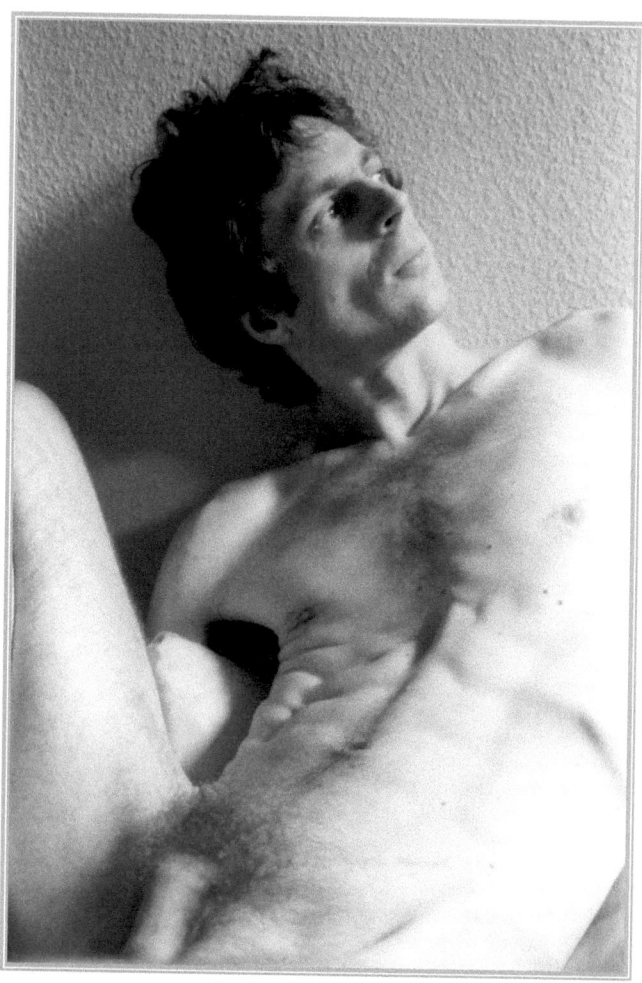

14

*... **D**u bist weit weg*
und doch ziehst du wie magisch
alle meine Sinne zu dir hin;
dein Gesicht über mir
mit tropfendem Haar ...
dieses Bild nehme ich
mit in meine Nacht
der noch viele einsame Nächte
folgen werden.
Soll ich sie durchwandern
bis ich vor dir stehe
meine Arme ausbreite
um mich zu ergeben?
Noch klammere ich mich
an totgeborene Bilder
noch ringt mein Schweigen
mit meiner Angst ...

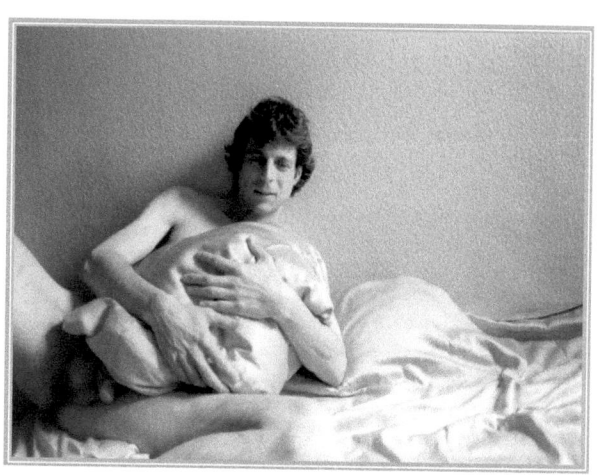

15

*... **D**u ruhtest auf mir*
mit einer rätselhaften Kraft
in mir noch
das Nachbeben
deiner rhythmischen Stöße;
würde dies Äonen dauern
ein Fetzchen Trost
legte sich um mich
wie ein warmes, weiches Tuch ...

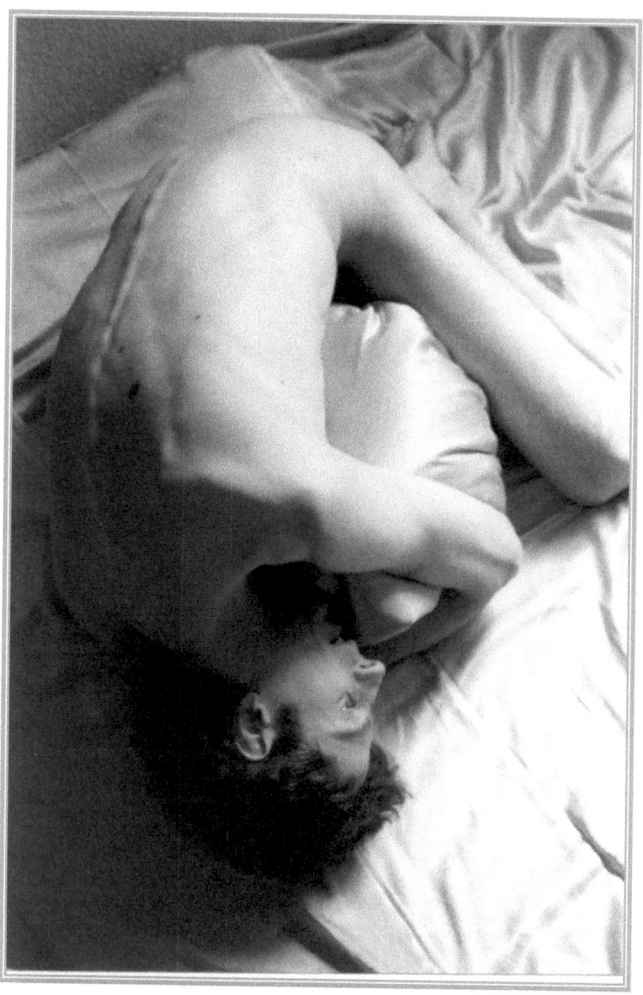

16

... *Nichts hätte mehr*
Raum finden können
als unsere Lust in dieser Nacht;
das verschwundene Strahlen
eines Tages verlieren
für solch eine Nacht
die mein Begehren
auf ihren Armen trägt ...
was willst du mir sagen, Nacht,
du Geheimnisvolle, Stolze?
Dass du unser Beben liebst
das rhythmische Klatschen
Haut auf Haut?
Schweige, Nacht.
Schenke mir
deine schwere
hallende Stille ...

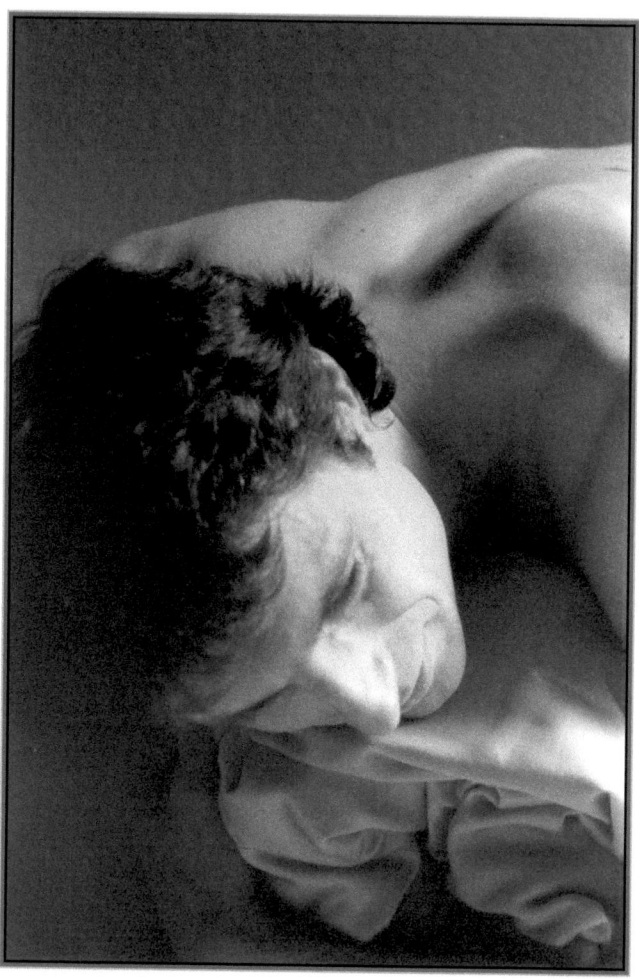

17

... **D**ie zufällige Spur
des Begehrens
die Oberhand erschleichend
über machtheischende Vernunft
die in jeder meiner Zellen wuchert
mich von allen Seiten drängt ...
und doch
mein Herz galoppiert
in schnellen Schlägen
dagegen an ...

18

... Gespeist hat mich die Nacht
mit deinem Atem
mit deinem Samen durchtränkt
davongetragen
auf den spitzen Wogen
unserer ungezähmten Lust;
mondbeglänzt
deine wütende Kraft ...

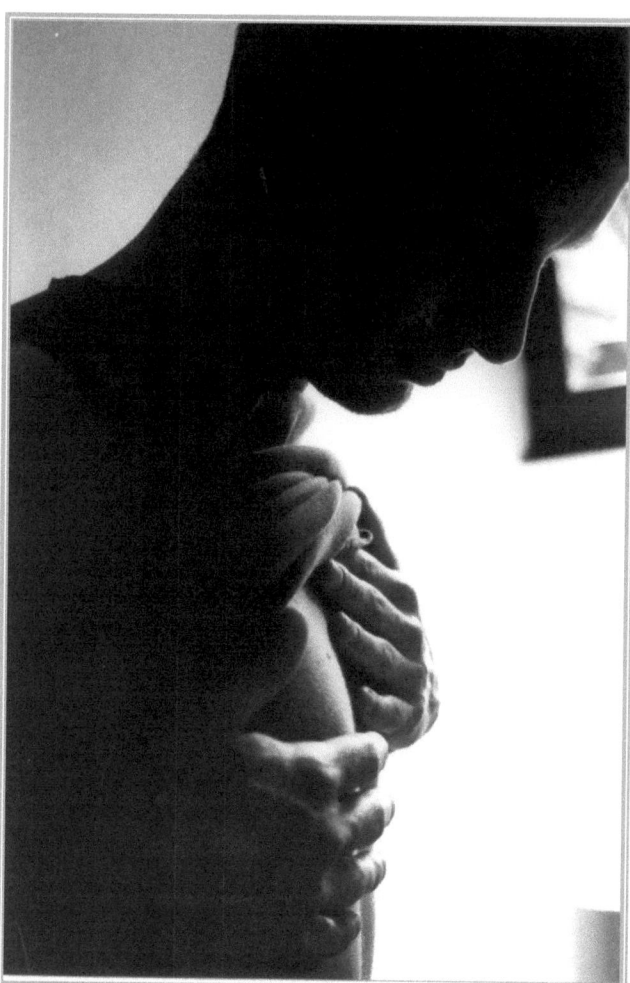

19

*... **Wo** wirst du sein*
in der Dämmerung
wenn der Tag auf dich trifft
wenn du unsere Nacht wegwirfst
wie etwas
das du nicht mehr brauchst
abstreifst
wie eine alte Haut
unter dem fahlen Schein
eines schnell verblassenden Mondes?
Ich fühle
dass du schon fort bist ...

20

... Ich mache mich schön
für den Mond
meinen Freund Mond;
mein Stern kommt
steigt hervor
aus der unkenntlichen
Dunkelheit
einer willkommenen Nacht ...

21

... *Lasse uns hinabsteigen*
zum Mittelpunkt der Nacht
dem Zufall
beherzt entgegengehen
das Unbekannte erobern
um es am nächsten Morgen
wieder zu verlieren;
noch lebt unsre Lust
stößt alles zur Seite
um sich Raum zu schaffen
um unwiderstehlich
sich zu verströmen.
Wir opfern ihr den Tag ...

22

*... **In** Träumen schwelgen*
diesen schönen Blumen der Nacht;
wie ich
dein schönstes Lächeln stehle
mit all seinen verborgenen
Herrlichkeiten
die nach und nach
an den Tag mit mir steigen
nur geliehen
für eine kurze Zeit ...

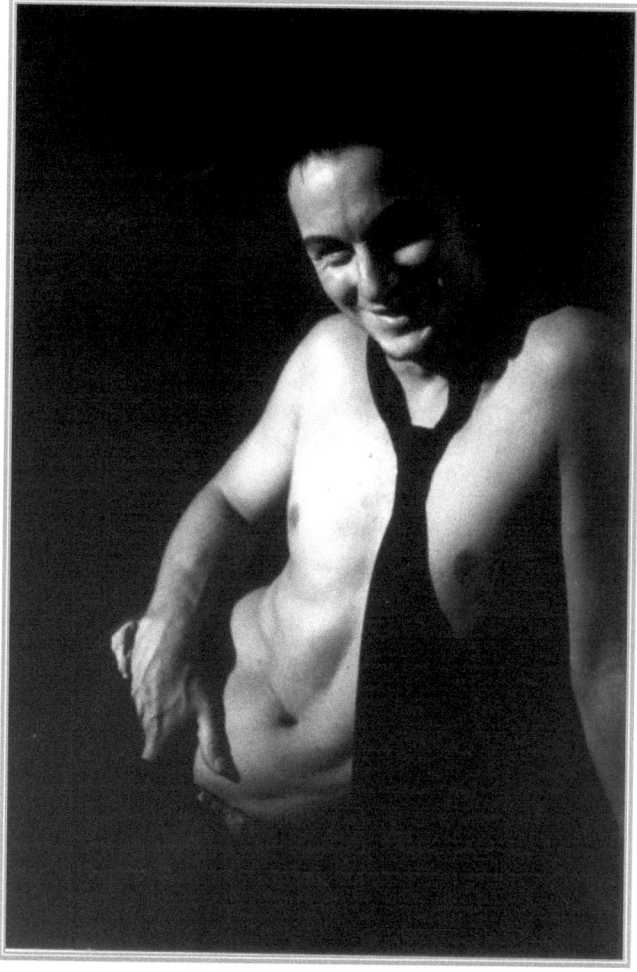

23

... Wie dein
aufrührerischer Blick
Abenteuer und Wohllust
in mir entfacht
dem Ende dieser Nacht
mich zu widersetzen ...

24

*... **L**asse mich nicht schlafen, Nacht*
mein Hunger ist so groß
und das Feuer brennt ...
ich stelle Fackeln
in die Nacht meiner Sehnsucht;
wann
werde ich Glücklichsein verspüren?
Wenn meine Sehnsucht sich
mit deinem Lächeln
verknüpft ...

Begierde

*... **So** wild*
durchfurcht sie unsre Herzen
an denen sie irr
wie ein Dämon reißt ...
es ist wahr
es gibt kein Bild der Liebe
doch in unsrem Übermut
haben wir sie gemalt;
mit witternden Sinnen
mit lustumpeitschtem Kopf
den Verstand
tief unten im Bauch
und im fahlen Mondlicht
unsren heißgebissenen
Mund gekühlt ...

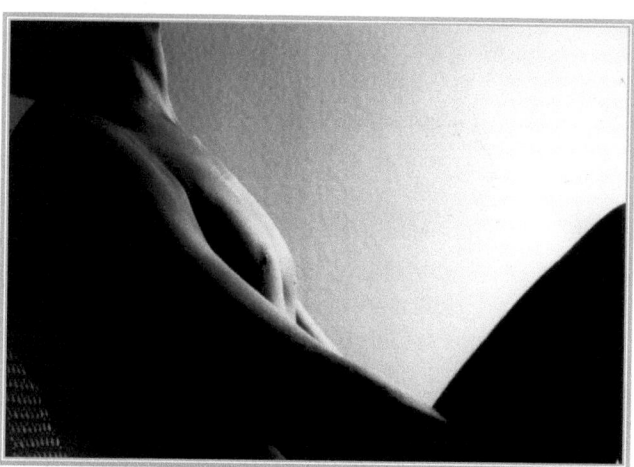

26

*... **Der** einzige Triumph*
der schwindenden Begierde
ist das Wissen
dass sie nur vorübergehend schläft;
sie beginnt
mir von früher zu erzählen
während die Nacht uns umarmt.
Unter einem strahlenden Mond
das unbedeckte Weiß
glühender Haut ...

*... **Um** meinen Leib*
ranken sich Hände, Augen
und meine bizarren Fantasien
finden nur leere Straßen
die zu Räumen führen
in denen sie erblühen
wo das Unerwartete mich findet;
die Lust geht um ...

28

*... **H**eute fühle ich die Stelle*
wo mein Herz sitzt
doch so schwer
kommt es mir vor;
ist es dein trauriger Blick
der über meine Haut streifte
und sich durch meine Augen
in mein banges Herz geschlichen hat?
Lasse uns eine Tat vollbringen
die Herzklopfen hervorruft
gegen die Schandtaten
des Alltags ...

... **Mit** *tausendhändigen Augen*
verrühre ich den Schweiß
den die Lust
aus deinen Poren treibt
wie Pflugschare
reißen die Spitzen meiner Finger
Schluchten
in deine fruchtbare Haut
wild funkelt das Weiß
in deinem Blick
vor dessen Glanz sogar
der Tag verblasst.
Verbrennen will ich
in den Flammen
die in deinen Augen lodern ...

30

*... **Du** kennst nicht nur*
die Umrisse meines Körpers;
bevor du in mir bist
haben wir uns längst
ineinander verloren
im Mondlicht
unsre Leidenschaft verströmt
unsre Augen sich
wie Klingen gekreuzt
nicht bedrohlich
aber scharf
dann
dein lustvoller Hieb ...

31

*... **Wenn die Berührung***
deiner Lippen
mich dem Schlaf entreißt
deine Hände
über meinen Körper streifen
wie ein Wanderer
der die Sonne sucht
erwacht die Frau in mir
die ich mir selbst
verheimlicht habe ...

32

... **D**ie Hände des Anderen
haben mich nie
wirklich berührt;
über meine saftigen Wiesen
sind sie hinweg gestreift
wie ein fremder Wanderer
der nur sein eiliges Ziel erstrebt.
Für dich gibt es nur den Weg;
du genießt die Sonne
auf meiner Haut
hörst den Wind
meines Atems
verweilst
in meinem Gras ...

33

... Vor meinen Augen noch
die Schleier der Nacht
mit Traumgespinsten verwoben
Reste einer schattenhaften Welt
nach der begierig schon
das Morgenlicht leckt;
ob sie sich erinnert, die Nacht,
an unser unersättliches Verlangen
wenn sie langsam
dem Morgen weicht
ihm die Herrschaft überlässt
damit er wachsen kann?
Tag nährt den Abend
für unsre noch namenlose
unberührte
Nacht ...

„Abschiede"

1

*... **U**nsere Abschiede*
habe ich nicht gezählt
es waren so viele ...
immer, wenn die Zeit
oder die Angst
dich mit fort nahm
ging auch ein Stück von mir;
gestern war es ein Lächeln
heute ein Feuerwerk aus Illusion
morgen könnte es die Hoffnung sein
in den dunklen Schatten
der Wehmut gehüllt.
Ich setze mich vor den Spiegel
und male mir
ein lachendes Gesicht ...

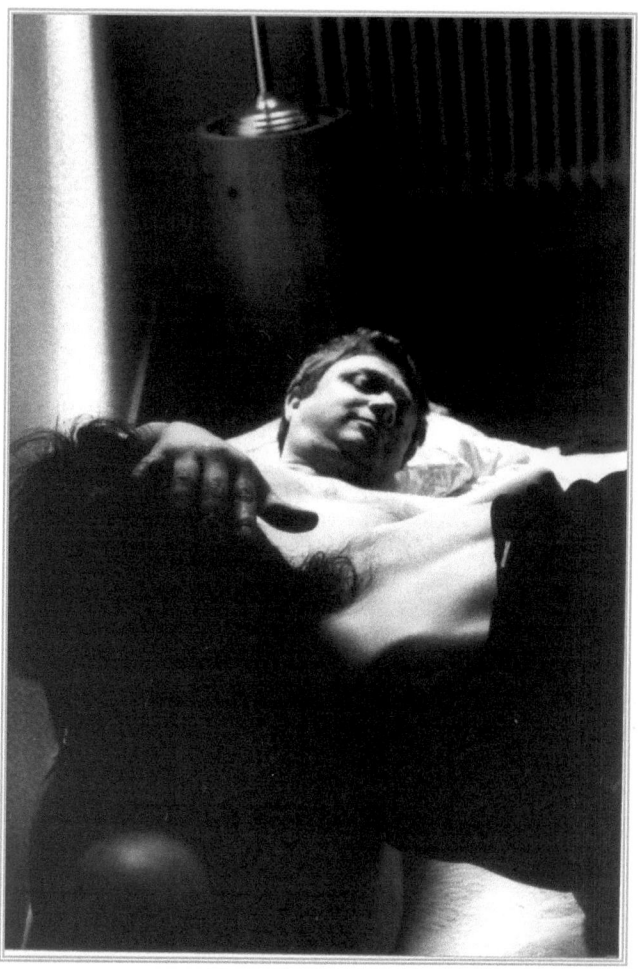

2

... Wir stellten Kerzen auf den Boden
ich habe nicht gefragt ...
drüben an den Berghängen
baden Kiefern im Mondlicht
erahne schon
die Vorboten des Abschieds
der tollkühn aus seinem Versteck
hervorpreschen wird;
noch einmal
kumulieren Erinnerungen
zu einem letzten Wort
einem letzten Kuss
um dann doch
kläglich zu zerrinnen
unsre Spuren werden vergehn
so schnell wie unsre Worte verwehn.
In dieser Nacht
liebten wir uns ungebändigt
mit der Melancholie eines letzten Males
in seinen Augen diese fragende Wildheit.
Drüben an den Berghängen
fängt sich das Morgenlicht
in den Kiefern
die Kerzen sind heruntergebrannt
ich habe nichts gesagt ...

3

*... **D**u sammelst Eroberungen*
um etwas zu haben.
Ich sammle sie
um dich
zu vergessen ...

4

*... **Wenn** es weiter nichts ist*
als deine oberflächliche Berührung
so will ich sie nicht
sie meint nicht mich;
das Gewicht deiner Hand
wiegt schwerer als es sollte
und mit jeder
deiner absichtslosen Berührungen
stirbt ein Stückchen
der Frau in mir
die ich sein will ...

5

... Leere Nächte
wie tiefe Schluchten
in die meine Sehnsucht stürzt;
meine Ohren möchte ich
verschließen
fürchte den Schrei
der dem Aufschlag folgt ...
in unsere letzte Umarmung
schließe ich
die Nacht mit ein ...

6

... Wieviel leichter ist es
für den, der geht
all seine Wünsche nimmt er mit fort
legt sie nieder
am Ende des Weges
wo sie zu blühen beginnen;
wird die Hoffnung sich
im Schmerz der Leere verlieren?
In der Mitte meiner Tage
werde ich einen Altar errichten
meine Illusionen
zwischen die Lichter
der Kerzen streuen
wo sie zu leuchten beginnen;
wenn ich meine Augen schließe
vielleicht höre ich
das betörende Flüstern
einer ungetrübten Hoffnung ...

7

*... **D**u gehst*
und die Nacht kommt
was bleibt
ist der Abdruck deines Kopfes
auf meinem erkalteten Kissen
dein Geruch ist flüchtig
doch er geht erst lange nach dir;
wie lange noch
lebt dein Bild in mir?
Wird es fliehen
vor der Zeit ...?

8

... *Ein Glas*
mit rotem Wein
der zarte Rauch
eines Zigarillos
nur das Warten
sitzt mir gegenüber;
oft
sind unsere Dialoge stumm
die Liebe
die kommt später ...

9

*... **M**anchmal*
treibt meine Lust
wie ein Schiffbrüchiger
auf dem Meer
Lust über Bord!
Dann fische ich sie heraus
und hänge sie
über die Wäscheleine
zum Trocknen ...

10

*... **Ist** „Lebewohl"*
das Letzte
was dein Mund mir sagt?
Macht es die Nächte dunkler
die Sterne blasser
das Glück unsichtbarer
den Schmerz tiefer?
Doch nicht jeder Schmerz
tut weh ...

11

*... **M**it dir träumen will ich*
hast du einmal gesagt
dann bist du gegangen
und ich bin alleine
durch meine Träume geflogen
doch sie erinnerten mich
an einen kalten Raum
eine leere Galerie
alle Farben hast du ihr genommen
alle Bilder abgehängt ...

12

*... **In** meinem Kopf*
hatte ich alles schon zu Ende gebracht
es tat weh
mit jedem Abschied ein bisschen weniger
dann, wie eine Fata Morgana
standest du eines Tages wieder vor mir.
In meinem Kopf
hatte ich alles schon zu Ende gebracht
deine sehnsuchtsvollen Worte
kannte ich schon vom letzten Mal
dein Weggehen degradierte sie
zur Belanglosigkeit.
Jetzt kreise ich wie ein Flugzeug
in der Warteschleife
sehe von oben unsere Schatten
zu einem werden
auch davon will mein Kopf
noch nichts wissen.
Eine Fata Morgana
ist nur ein Luftgespinst ...

13

*... **D**u willst alles*
hast du einmal gesagt
und hattest doch
von allem nur
einen entseelten Hauch;
Entscheidung
ist nur etwas für Mutige
denn eines Tages
stehst du vor dem Nichts
dann hast du vielleicht
nicht einmal mehr
mich ...

14

*... **Wie** Raureif*
hat sich etwas um mein Herz gelegt
hängt, wie ein lebloses Stück Fleisch,
in einem Kühlhaus am Haken
es klopft noch;
nicht aus Leidenschaft
nicht vor Begierde
nicht mehr voller Erwartung
nur auf den Befehl
eines fremden Impulses.
In deinen Augen
gefriert die Lust zu Eis
macht einer Lüge platz;
auch ohne Worte
hast du so viel gesagt.
Mein Herz?
Es klopft noch
weil es muss ...

15

*... **I**ch will nicht leiden*
bei dem Gedanken
dich eines Tages wieder
zu verlieren
wie eine kostbare Perle
in meiner Hand;
den Schmerz des Abschieds
nehme ich vorweg
um bei seiner Ankunft
woanders zu sein;
hätte ich nie
deine Augen gesehen
nie deinen Mund berührt
ohne Wehmut könnte ich gehn
davonfliegen so leicht
wie unsre Worte verwehn ...

16

... Wie so oft
verstricken sich
meine Gedanken
in deinem Bild
deinem aufreizenden Lächeln
gleiten wie eine scheue Hand
über dein schwarzes Haar
um hineinzufallen
in deine unergründlichen Augen
bis endlich meine Vernunft
nach diesen törichten Fantasien greift
sie von sich stößt;
dein Bild verblasst
jedoch nie ganz ...
vermögen Gedanken
etwas zu halten
fester als die stärksten Arme
die dich mir
entreißen wollen ...?

17

*... **D**ie Rückkehr der Nacht*
ist nicht mein Sieg
denn was die Nacht mir bringt
raubt mir der Tag
keine Ära
immerwährenden Glücks;
einem Abschied
werden tausend weitere
folgen
mit der ganzen Wucht
ihrer Leere ...

18

*... **Was** macht*
dieser Gedanke mit mir
wenn du
mit deinem sinnlichen Lächeln
die Andere meinst?
In Länge und Breite
durchwandere ich die Nacht.
Was nützt ein Widerstand
den ich nicht will?
Wie lange noch?
Bis mein Herzschlag
in stummer Verwirrung versiegt?
Ich hoffe, warte auf das Ende der Nacht
die meinen Argwohn
mit sich fortnimmt;
Fluchtpunkt Verstand
Abwarten und Schweigen
Feinde in meinem Kopf ...

19

... Wo nur finde ich
meine verblassten Träume wieder?
So viele gingen verloren
durch vergebliches Hoffen ...
wann wird es sich umkehren
in eine Sehnsucht
deren Kraft mich hochreißt
aus diesem Vakuum?
Erbebte dort
in der Tiefe meiner Brust
nicht einmal ein Herz ...?

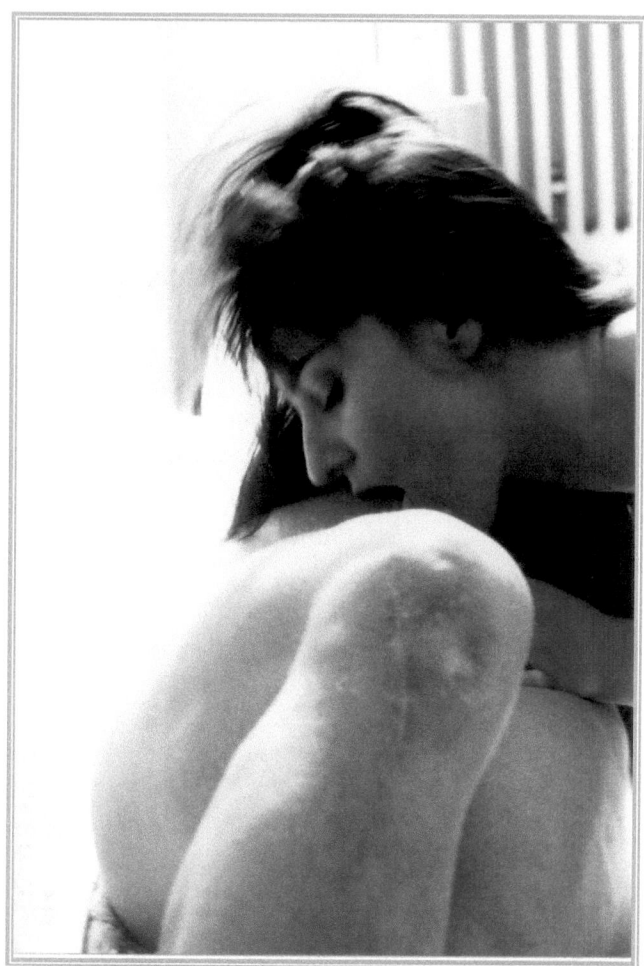

*... **Im** Wind wiegen Feigenbäume*
ihre schön gespreizten Blätter ...
meine Augen umwandern
seine hohe Gestalt
die etwas abseits steht
zwischen den Schafen;
aus purer Bosheit
beginnt mein Herz zu klopfen
wild und dröhnend wirft es sich
von innen an meine Brust
möchte meine Gedanken
auf Wanderschaft schicken
doch sofort
kehren sie zurück;
so flüchtig und schön
scheint dieser Augenblick
wie kann ich da
meinen Körper zwingen
zu gehen ...

... Lange noch sitzen wir
auf der weißen Bank vor seinem Haus;
vom roten Ziegeldach
wuchert wild der Wein
am Horizont dämmert langsam
der junge Abend
schwach rollt die Brandung in der Ferne
die Lampen der Fischer
blinken vereinzelt herüber
gießen helle, glitzernde Streifen
ins Meer;
mit ihm kann ich schweigend sitzen
ein Schweigen
in dem ich fast genüsslich schwelge
ein Schweigen
das wohltuend den Raum
um uns füllt.
Als ich gehe
brennt sein Blick
auf meinem gesträubten Nacken
wie ein loderndes Feuer
hinter mir noch
das Zögern der Nacht ...

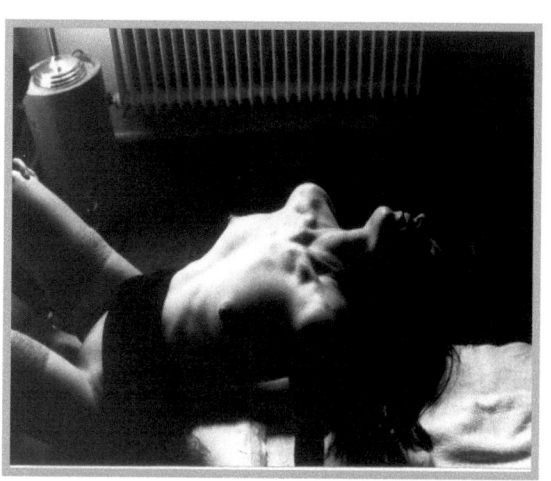

22

*... **D**em Maßlosen*
habe ich mich hingegeben
deiner Magie
etwas aus mir zu erschaffen
das nicht sichtbar war
vielleicht nur
in meinen Träumen lag.
Ich kann nicht an dich denken
ohne dass mein Herz
dieses verzückte Ding
in meiner Brust erbebt;
fast ist es mir unmöglich
meinen Mund
am Lächeln zu hindern
wenn ich mich
nach hinten lehne
in meine Erinnerungen
in das Abbild
unserer letzten Nacht ...

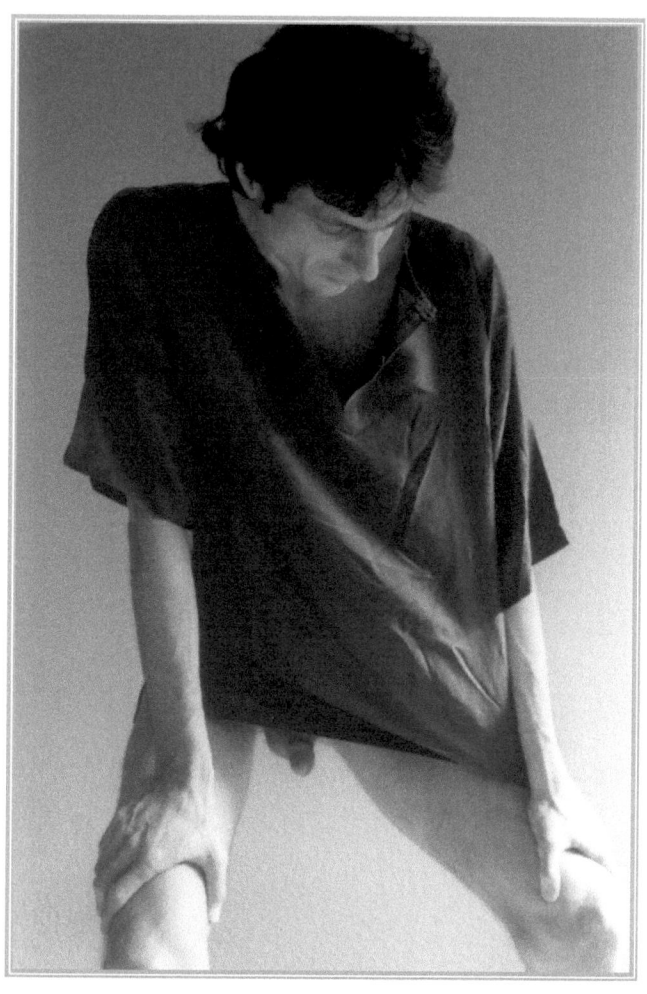

*... **Wann** gehst du, habe ich gefragt.*
Wir haben noch genug Zeit
hast du gesagt.
Doch alle Zeit der Welt
reicht nicht aus;
wird ihr Atem stillstehen
der Wind sich niederlegen
um zu sterben?
Komm, streue mir
das Funkeln der Sterne in meine Augen;
wenn die Zeit dich mit fortnimmt
Gefühle nichts mehr gelten
die letzten Worte verstummt sind
bleibt nunmehr die Erinnerung
die einen Hungrigen nicht sättigen kann.
Oft sitze ich
wenn du nicht da bist
draußen am Meer, an der Mündung des Flusses
bis der Mond über den Bergen hängt;
wie zaghaft der fahle Glanz seines Lichtes
in den Bach tropft
der es mitnimmt bis zum Meer.
Komm, streue mir
das Funkeln der Sterne in meine Augen.
Ich brauche deine Lüge heut Nacht ...

24

Aprikosenmund

... Neben mir
dein leeres Kissen
in dem noch deine Träume hängen.
In meiner elegischen Stille
zelebriere ich die Zeit
die uns noch bleibt;
rauschende Tage
die zusammenschrumpfen
zu einer einzigen, letzten Sekunde
vor dem Nichts.
Später November
oft nebelhaft umhangen
schon rieseln Platanenblätter herab
legen sich
wie sterbende Schmetterlinge
auf die Erde
während der Sturm
über das Eiland tobt
in wildem Aufruhr
das Meer zerschäumt.
Noch pflücke ich
Aprikosenküsse
von seinem Mund ...

25

... Wenn die Dämmerung sich
mit der Nacht
und der Himmel sich
mit der Unendlichkeit verbündet
deine Hände gierig
nach mir greifen
nichts von meinem Verstand
mehr übrig bleibt
„das brauch ich" und
„das muss so sein" in mir schreit
dann ist die Zeit mein Feind
und wenn du fragst
wie es mir geht
sag ich wie immer „gut"
liebe mich schnell
noch ist es nicht so spät.
Der Wind
trägt meinen stummen Schrei
hinaus in die leere Nacht
es ist mir egal
auch wenn die Vernunft
über mich lacht ...

*... **Immer**, wenn ich lachte*
belebte sich wieder mein Herz ...
der weite Weg hätte sich
auch gelohnt für nur eine Stunde mit dir.
Schon will ich dieses bisschen
ätherische Glück zum Bleiben zwingen
in Ketten legen
hinüber retten in den Morgen
auf unbegrenzte Zeit einbalsamieren
und doch ...
ohne dich wird die Insel
ihren Glanz verlieren
der Wind sein Lied
der Himmel sein unschuldsvolles Blau
der Mond wird zerspringen wie Glas
und die Splitter wie Tränen
auf die Erde herabregnen.
Wird die Zeit
die Spuren deiner Hände
von meinem Körper tilgen
wird er verblassen
sobald du ihn nicht mehr berührst
die Knospen meiner Brüste
verwelken?
Dein Lachen will ich in mir
am Leben halten
mein wärmendes Feuer
das ich nicht löschen will;
Was gäbe ich
für nur eine Stunde mit dir ...

27

„... Yía su, Korítsi ..."
dein letzter Kuss
der mich nicht mehr retten kann;
du fehlst mir jetzt schon.
Grieche,
du hast alle meine Küsse geraubt
der letzte weht noch
hinter deinem Schiff
im Wind ...
wie einen Rettungsanker
halte ich noch immer deine Hand
umarme dein Weggehen
deine Abwesenheit
diese bittere Leere;
noch rettet mich
die Erinnerung
durch die Stunden ohne dich.
Vielleicht wird dieser Abschied
ewig dauern ...

(Korítsi: griech.: Mädchen)

28

*... **D**ie Treppen stürme ich hinunter*
werfe mich selbstquälerisch
einem neuen Schmerz entgegen
noch einmal gehe ich zu deinem Haus;
in deinem Garten der Oleander
er blüht nicht mehr
in dieser wehmütigen Stille
haben die Dinge
ihren Namen verloren
der Wind
der um diese Stille weht
kühlt kaum
mein brennendes Gesicht
am Strand noch nicht einmal mehr
eine Spur unserer Füße
so viele leere Stellen ...
wird diese Leere sich ausbreiten
kein Ende nehmen?
Mit deinem Lachen auf meinem Mund
werde ich mich schlafen legen;
doch auch die letzte Träne
trocknet behutsam im Wind ...

29

*... **N**un begebe ich mich*
zurück in eine Welt
die mir fremd geworden ist
eine Welt
die ich ohne Heil und Lachen
betreten werde
ohne jegliches Gefühl
das schläft auf dieser Insel
in seinem Haus;
wird die Erinnerung
mein Eldorado sein
wohin ich fliehe
wenn diese hallende Leere
sich unaufhaltsam um mich legt?
Ein Vakuum, an dem
ich jetzt schon leide ...

30

... Erinnerungen
wecken Gefühle
die Fantasie erschöpft sich nie
lässt sogar hoffen auf den Tag
in dessen Unschuld
die Erwartung sich endlich erfüllt.
Ich muss jetzt gehen
kehre deiner Insel den Rücken zu;
wir hatten so wenig Zeit
und doch war es
als bewegten wir uns
in einem zeitlosen Raum ...
die Maschine hebt ab
ich atme tief ein
das Brötchen krümelt auf meinen Schoß.
Ich sehne mich nach dem
der mich Korítsi nannte ...

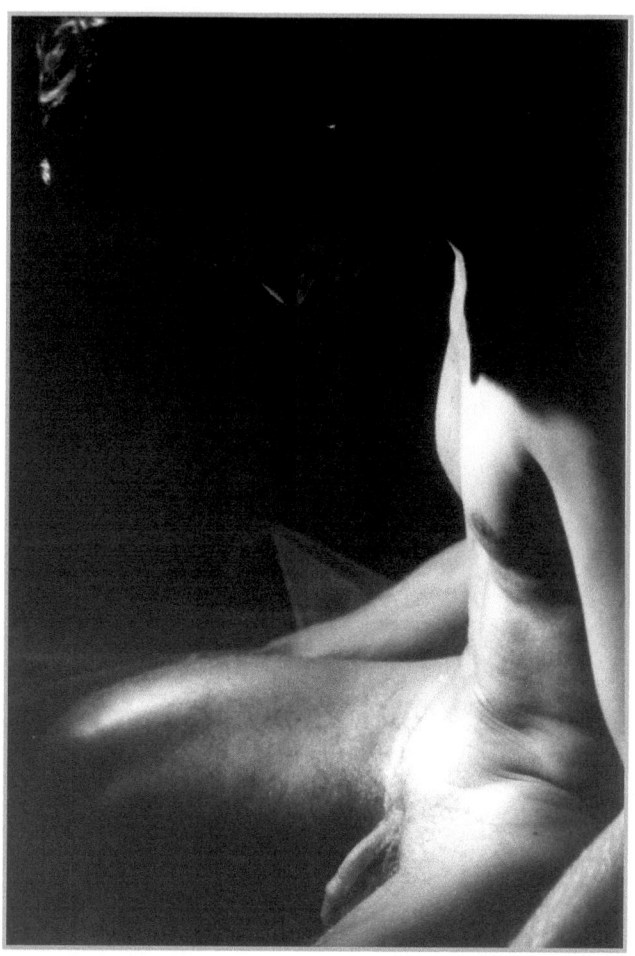

31

... Vor unseren Fenstern noch
welken
die traurigen Sommerblumen ...
viele Monate war ich fort
und der Sommer
ist längst entschwunden
hat nach meinem Weggehen
Mohn und Hortensien
zum Blühen gebracht
die Rosen dem Herbst geschenkt
dann ist er wieder gegangen;
in meinem Haus riecht es nicht
nach wildem Oregano
und warmem Brot
und ich fürchte die Wirklichkeit
deren Monotonie
gierig nach mir greifen
mich in ihrer kalten Klammer
halten wird;
ich fürchte
mein Arkadien
könnte verblühen ...

32

... Seelenlos
habe ich mich durch die Zeit gewunden ...
Schnee ist flüsternd gefallen
hat sich in der Nacht unmerklich fast
über das Vergangene gelegt;
was wird noch bleiben?
Der Frühling
wird dem Sommer hinterher eilen
der Herbst dem Winter
wie die Niederlagen den Siegen
wie der Dieb der Zeit
wie die Endgültigkeit dem Schmerz
wie der Tod allen Dingen ...
mit dem neuen Jahr stoße ich an
mit der Zeit trinke ich auf Du
weil sie bald
angefüllt mit unzähligen Wünschen
in einer einzigen Sekunde
zerspringen wird;
die Zeit wird sich zerreiben
zwischen ungezählten Stunden
Tage werden verwehen
wie die Monate auch
meine Hoffnung
dem Sommer nachjagen
wie dem einen
einzigen Wunsch ...

33

... *Unsere Blicke*
verstricken sich
meine Sehnsucht gewachsen
in monatelangem Hoffen
stürzt in sich zusammen
wie ein alter Turm;
in einem Himmel aus schimmerndem Weiß
glimmen wie schwarze Onyxgestirne
deine Pupillen
dein Lachen hast du mitgebracht
deine Hände, Aprikosenmund
und noch immer heischt
das Grübchen an deinem Kinn
nach meiner Gunst;
ich werde dich nicht
nach dem Morgen fragen
nur deinen Blick
wie eine linde Liebkosung
um meinen Nacken legen ...

34

... Verwirrt schaue ich
auf die Träume meiner Welt
auf Imaginationen
die tollkühne Pirouetten drehen
auf diese wirren Gefühle
die fliehen
wie eine Herde
wild galoppierender Pferde ...
wie lange noch
wird das so gehen?
Bis mein Herz sich
in immer leiser werdenden Schlägen
erschöpft?
Glimmt da nicht in seinen Augen
das Wissen um mich
diesen Tumult in mir ...?

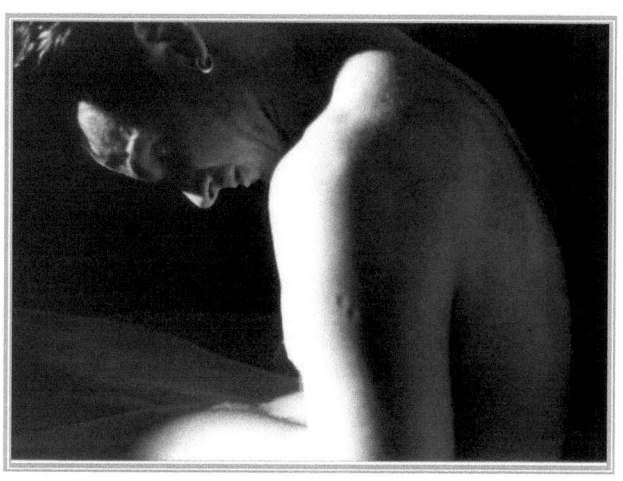

35

... Wenn der Schlaf dich mir
entreißt
dein begehrliches Lächeln
erstirbt
bestimmen deine Atemzüge
auch wenn sie
einem Windhauch gleichen
den Rhythmus meiner Nacht;
beatmen wir die Nacht
die uns entfremdet ...

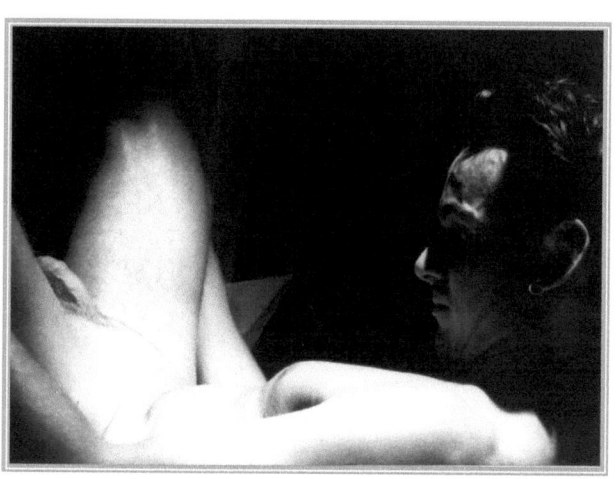

36

... Vergraben wollte ich meine Hände
in deinem schwarzen Fell
einatmen deinen kreatürlichen Geruch
mit meinen Lippen deine Lippen suchen
mich festsaugen daran ...
deine Zunge in meinem Mund
so warm und Lust verheißend
deinen Atem spüren
wie er über meine Lider streift.
Wollte ich nicht sitzen auf ihm
diesem bronzenen Körper
meine Nase vergraben
in seinem dunklen Gewöll
die Lust in seinen Augen suchen
mich ergötzen daran
und seinen Händen, die mich packen
so, wie man einen Lachs fängt?
Wie bist du, wenn du dich erregst?
Ein Ziehen, sehnsüchtig und warm
durchzieht meinen Bauch;
hineinwerfen wollte ich mich
in seine Augen
auch wenn ich abstürze
doch eine bittersüße Melancholie
vereint
mit dieser verlorenen Möglichkeit
erfüllt mein Herz;
wie gerne hätte ich
deinen süßen Lügen gelauscht ...

37

*... **Wenn dein Mund***
sich mir zuneigt
wie eine sich öffnende Blüte
der Erde
vom Regen schwer
hole ich
meine Fantasien von der Straße
wo sie spielten
wie übermütige Kinder
und schicke sie
in einen leeren Raum
wo sie schweigend warten
bis du wieder
gegangen bist ...

38

*... **U**nd doch ...*
nachdem du wieder fort bist
fürchte ich
in einem kalten
unbeseelten Traum
zu erwachen
meine Hoffnung ohne Farben
ein Raum voller Schatten sein wird;
wo kann sich
meine Sehnsucht erwärmen
bevor sie erfriert?
Ich umarme das Warten ...

„*Verlangen*"

1

*... **I**n meinem Innern*
das erwachende Schwingen
meines Herzens
das so viele Jahre schon
bekümmert
in meiner Brust wohnt;
schöner bin ich geworden
unter deinen Händen.
Komm, streue mir
das Funkeln der Sterne
in meine Augen ...
Erdbebenzentrum, Lavastrom,
der alle Befürchtungen
in einem einzigen
trunkenen Auflodern verbrennt ...
die Reste des Brotteiges
den du gerade geknetet hast
löse ich mit meinen Zähnen
von deinen Fingern
Erdbeben im Herzen;
neben deinem Haus
spreizt der alte Feigenbaum
seine wogenden Blätter ...

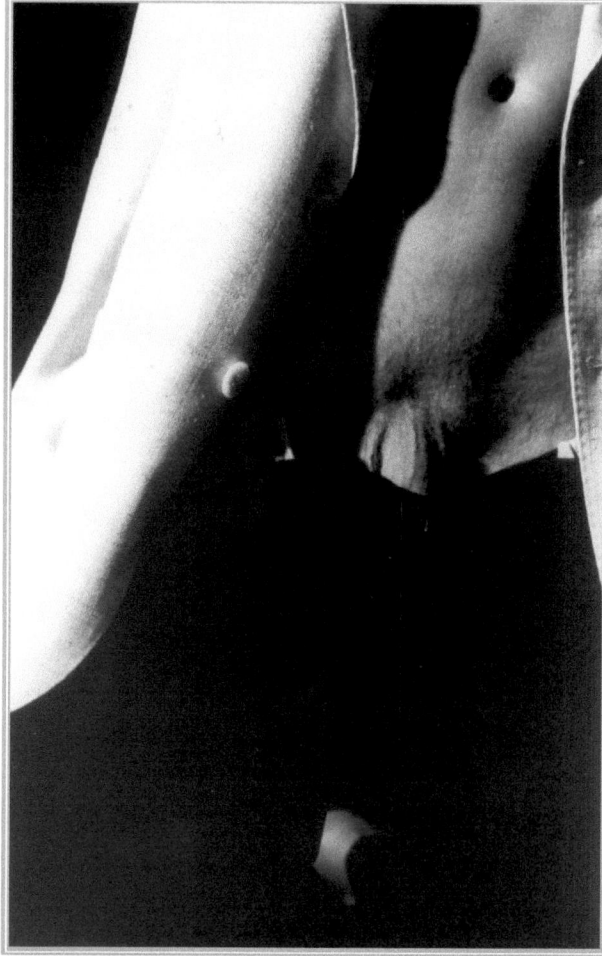

2

*... **O**hne Erbarmen*
wird die Zeit
wie ein gefräßiges Ungeheuer
Tag um Tag verschlingen
und am Ende wird keiner mehr
übrig sein ...
wie lange noch, Grieche,
wirst du meine Hoffnung retten
meine Lust am Leben halten
wie lange noch
hält die Erinnerung
tröstlich meine Hand?
Wird auch sie
der Zeit zum Opfer fallen
verblassen wie alte Tapeten?
Nicht einmal mehr
der sanfte Schwung deiner Wimpern
das Grübchen an deinem Kinn
das so oft meine Gunst anrührte
kann ich in den Morgen retten;
durch mein verwirrtes Herz
taumelt ein dumpfer Schmerz.
Ich flüchte in die falsche Richtung
zu dir ...

3

*... **I**ch bin losgezogen,*
um mich zu finden
und dort geblieben;
gelöst fühle ich mich und breit
doch noch lange nicht satt.
Manchmal noch verstricke ich mich
in grimmige Zweifel
in vergreiste Ängste
vor dieser tiefen Leidenschaft
dem starken Verlangen nach ihm
will es beenden
mich aus seinen Armen lösen
mich davon stehlen
durch eine Hintertür fliehen
ihn nicht zu sehr lieben
um mich darin zu verlieren;
doch dann sind seine Hände da
seine verlockende Nähe
diese süchtig machende Droge
und meine Zweifel zerrinnen
wie Schneeflocken
auf warmer Haut ...

4

... Es ist
als hätte der Wind
aufgehört zu wehen
jetzt, wo er gekommen ist
doch das liegt nur daran
dass sein Anblick mir
verzehrende Hitze
durch den Körper treibt
meine Achselhöhlen überlaufen;
ich sitze da
zwischen fröhlichen Plauderern
lachenden Mündern
mit einem Körper
vom Verlangen bewohnt
befallen, besessen
sprachlos überwältigt
von der Antwort meines Körpers
auf seine Gegenwart;
meine Gedanken schlagen ins Leere
da war doch vorher noch
ein Fünkchen Vernunft ...
über mir
hält der Mond den Atem an
warten die Sterne mit mir
auf das
was kommen muss ...

5

*... **B**erauschte Euphorie*
willkommen Leben
friedvolle Morgen voll Unschuld
die ich in stillen Momenten
wieder finde ...
wenn die Sonne
über den Fengári steigt
am Ende des Tages
sich rotglühend
dem Horizont entgegen senkt
malt sie in die junge Dämmerung
einen orange glühenden Schein;
was dazwischen liegt
lässt sich nicht aufteilen
in Sekunden und Minuten
hat mit Zeit
nichts zu tun ...

Fengári: höchster Berg auf Samothráki

6

... Ausruhn wollt´ ich
an seiner Brust
vom Schmerz vertaner Jahre
verweilen
bis die Wunde sich schließt
doch hinter der Erwartung
der Hoffnung, der Sehnsucht
nach ein paar Minuten mit ihm
bleibt alles weit zurück ...
ausruhn wollte ich von allem
was nicht Leben ist
sein Lächeln mit mir nehmen;
wie schön werde ich sein
unter deinem Lächeln ...

... Noch bevor ich
etwas sagen kann
rast ihm schon mein Herz entgegen
packen seine Hände zu;
er weiß
dass ich nur auf diesen Moment
gewartet habe ...
mich trifft ein Blick
aus nachtschwarzen Augen
der Panther ist auf der Jagd ...
ich wispere in sein schwarzes Fell
und seine schönen Pranken
legen sich auf meine Haut
und seine sonnenwarmen Lippen
schmecken
wie reife Aprikosen;
mein Herz voran
mein Inneres, mein Wesen
werfen sich ihm
mit Inbrunst entgegen ...

8

... *Wie erfahrene Bergsteiger*
erklimmen deine Hände
meinen Schamhügel
locken meine Lust nach draußen
in schwindelnde Höhen
die über den Wolken liegen.
„Sag es" flüstert dein Mund;
ich schlage meine Krallen
in das Fleisch deiner Hüften
„Komm!"
Ich keuche seinen Namen
als hätte ich Angst
ihn zu vergessen
als hätte ich Angst
er könnte aufhören mit dem
was er tut;
da bleibt nichts
nur dieses namenlose Gefühl
mich aufzulösen in dieser Hingabe
wie Nebeltröpfchen
wenn die Sonnen auf sie trifft
wenn alles andere
in mir schweigt ...

*... **W**ie Raubvögel*
kreisen meine Hände
über dem glatten Feld deiner Haut
schnell gleiten sie darüber hinweg
stoßen lustvoll zu
krallen sich in dein festes Fleisch
unter meinen Fingern bebende Muskeln
zuckende Sehnen
da ist dein Mund auf mir
deine Zunge wie ersehnt
begehrlich und warm ...
durch meine Lust hindurch
sehe ich das Weiß deiner Zähne
wie es hinter deinen Lippen schimmert
das Weiß um dunkel glühende Augen;
in unsrem knisternden Vakuum
nur das Lied unserer schmatzenden Bäuche
wenn sie aufeinander treffen
und mein Atem fliegt stoßweise
an deinem Ohr;
Wünsche sind der Flut
zum Opfer gefallen ...
kaum merklich zieht sie sich zurück
und wir lauschen ihr nach
während wir unsre Lust
ausatmen ...

*... **M**ein Herz rast*
wie ein gefangenes Tier in einem Käfig;
nichts ist mehr umkehrbar
ich falle, stürze in endlose Tiefen
falle in ihn hinein
obwohl er in mir ist
warte auf seinen lockenden Mund
der mich fängt
rebellische Augen
die mich fordern wie zu einem Duell;
ein Nahkampf zweier Körper
die sich ergeben ...
ich löse mich auf in seiner Ausdauer
seiner trotzenden Kraft in mir
die zu wachsen scheint
mit meiner verruchten Lust
Haut nass von Schweiß
der von unseren Händen tropft
Wasser, die über Ufer treten
fortreißen, was sich unserer Lust
entgegen stellt;
du lässt mich fallen – und grinst
lässt mich fallen
in die Flut meiner Gefühle ...

11

*... **W**eich liegt dein Mund*
auf meinen zitternden Lippen
eine Berührung
wie hunderttausend Volt
die in der Mitte meines Körpers
explodiert;
mit geschlossenen Augen
spüre ich nach deinen Fingerspitzen
nach deinen kundigen Händen
unter dem Saum meines Rockes
Gänsehaut kriecht über meine Taille
und noch immer deine Lippen ...
ich stöhne auf in deinem Mund
beuge mich über diesen Abgrund
erschauere vor der Tiefe
in die ich gleich stürzen werde
erbebe unter deinen Händen
wie sie meinen Körper formen
der sich weitet
sich aufzulösen scheint.
Der Abgrund? Nein! Doch!
Lasse es ...

12

... Insgeheim erregt
vom Knistern
seines langen Haares
als ich das Hemd
über seinen Kopf hinweg reiße
überwältigt
von seinem sinnlichen Geruch
der mich jäh anspringt
fliegen meine verräterischen Hände
zu seiner muskulösen Brust
um sich doch
dagegen zu stemmen ...
dennoch weiß er längst
von meiner heimlichen Begierigkeit
meinem gebändigten Hunger;
keine Zeit bleibt mir mehr
mich langsam
aus meinem Kokon
heraus zu zwängen
er zerreißt ihn
mit einem Ruck ...

13

... *Schon an dem Tag*
an dem ich ihn zum ersten Mal sah
habe ich mich
im nachtfarbenen Schimmer
seiner Augen verloren ...
widerstrebend folge ich der Fährte
dieses anmutigen Tieres
doch ich fürchte
seinen gefährlichen Hieb;
woher den Mut nehmen
mich dem entgegen zu stellen
was ich will?
Wie eine Verdurstende forsche ich
in seinen abgründigen Augen
nach einem Zeichen
nach dieser Frau, etwas von ihr
das sich eingegraben hat
ein winziger Anhaltspunkt
der mich zurückzuhalten
in der Lage wäre
doch ich finde nur mich;
ich beginne zu rollen
auf ein Ereignis zu
das machtvoll
und unaufschiebbar ist ...

14

... Wie ein dunkler Schatten
taucht er vor mir auf;
zum Haus hinüber drängt er mich
das Glas, eben noch in meiner Hand
am Boden zersplittert
den letzten Schluck Wein
gibt es nicht mehr ...
seine Augen glühen nach mir
schweißen mich an die raue Wand
an der noch die Sonnenwärme lehnt
winde mich aus seinem Griff
sein maskuliner Geruch
raubt mir die Sinne
in seinen Onyxaugen blitzt es auf
wie bei einem Gegner
der zum Angriff übergeht;
mein Herz pumpt ins Leere
viel zu schnell
kein Blut fließt mehr in meinen Adern
meine Nägel
tief in seine Handflächen gebohrt
bebt der Rest meines Körpers
dem entgegen
was mein Kopf
noch nicht will ...

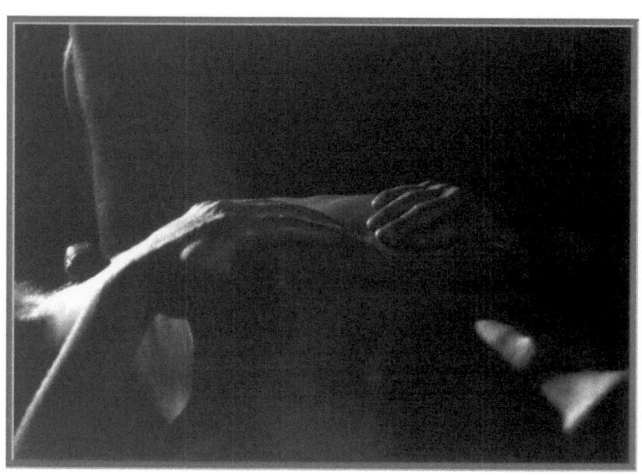

15

... Wie Nebelschleier wischt die Zeit
ungenutzt an mir vorbei
versuche zu ergründen
was meine Blicke immer wieder
zu dem Einen treibt ...
unvorbereitet trifft mich sein Blick
seinen Körper stößt er ab von der Wand
an der er lehnte
wie in Zeitlupe
kommt er auf mich zu;
etwas verändert sich
die Zeit bleibt stehn
lässt das Geraune um mich
wie ein Windhauch verwehn
in meinem Kopf rauscht das Blut
das Klopfen meines kecken Herzens
Herzklopfen im Kopf
mein Charme zerbröckelt
macht einer Kampfesstimmung platz;
wohin kann ich fliehen
vor diesem Flammensturm
der in deinen Augen lodert ...?

16

*... **Wer** weiß schon*
von der sich steigernden Ignoranz
meiner Gefühle
die in Verachtung umschlägt
gegen dieses Ding in meiner Brust
das mich und meinen Verstand
so unverzagt verraten hat;
stark wollte ich sein
doch es ist der Mangel
der meinen Widerstand
ruhelos verzehrt
verratene Träume
zum Leben erweckt
eine alte Sehnsucht
die endlich
Träume
aus der nagenden Dunkelheit
befreit ...

17

...Dem Duft des Panthers
bin ich gefolgt
wie ein ahnungsloser Scout
hab sein seidiges Fell mir vorgestellt
wie wild und kraftvoll sein Hieb;
jetzt stehe ich vor ihm
am Ende der Spur
sehe ihn zum ersten Mal ...
sein Haar vom Sturm verworren
wie schwarz glänzendes Gespinst
ineinander verflochten
noch wage ich nicht
meine Hand auszustrecken
nach ihm ...
dieser Sonnenstrahl
der durch das Blattgewirr
des Baumes stürzt
und ihn berührt
ist mutiger als ich;
auch so dicht vor mir
bist du zu weit weg ...

18

*... **D**urch die Schluchten*
kriecht allmählich das Sonnenlicht
blüht auf zwischen den Bergen
im Aufwind kreisend ein Falke
am schimmernden Abhang des Waldes
ohne einen Flügelschlag
setzt an zum Sturzflug
mit heiserem Schrei.
Trinkst du keinen Kaffee, frage ich
und er meint, wir hätten nur einen Becher;
rasch trinke ich leer
und gebe ihn zurück
und unsre Fingerspitzen
haben sich flüchtig berührt ...
den Becher legt er an seine schönen Lippen
die gleiche Stelle
an der zuvor noch
meine Lippen klebten
und ich bilde mir ein
seine Lippen
trotz dieses Umweges
auf meinen zu spüren ...

19

*... **Wie** brechen Gefühle auf*
nach langjähriger Versklavung?
Werden sie sich ansammeln
auftürmen
verdichten
zu einer kritischen Masse
je mehr ich sie ignoriere?
Die leiseste Erschütterung
und die Detonation
könnte mich
in Stücke reißen ...

20

*... **Du** badest mich*
in deinen Blicken
wie Flammen züngeln sie
in mich hinein;
woher nehme ich die Zeit
um mich zu fangen
vor diesem abgrundtiefen Blick?
Kein Refugium
in das ich aufbegehrend
flüchten könnte ...

21

... Meine Hände scheuen sich
seinen Rücken zu berühren
könnten sich verbrennen
an seiner nackten Haut;
vor so viel Nähe
stockt mir der Atem
sein Geruch macht mich süchtig
vergeblich weigere ich mich
noch mehr davon
einzuatmen;
in mir schwillt ein Sturm an
in seinen Augen gefährliche Wirbel
die mich in ihre Untiefen ziehen
während alles andere
um mich herum erstirbt ...
ich wehre mich verzweifelt gegen ihn
träume mich gleichzeitig
an seine Brust.
Ich sehne mich
nach einem Wolkenbruch ...

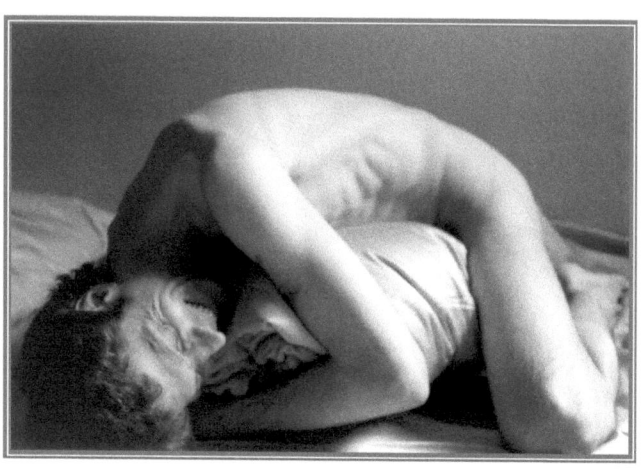

22

... Wie Honig tropfen Worte
aus seinem sinnlichen Mund
rinnen in mein Gehirn
verkleben meinen sonst so klaren Verstand
versteife mich unter seinem Blick
diesen schwarzen, unverschämten Augen.
„Sie ist kratzbürstig"
sagt er zu den Anderen am Tisch
nickt mir zu und geht ...
wie er nach seinem Ohrläppchen greift
als wolle er prüfen, ob es noch da ist.
Die Röte in meinen Wangen, kaum verblasst
steigt wieder hoch;
wo ist die Fee
die mich in ein Nichts verwandelt?
Die Bouzoúki hat er in Anschlag gebracht
wie ein MG
seine Finger
bringen die Saiten zum Schluchzen
lassen Töne auf und nieder hüpfen
und ich zittere vor Neugier
wozu diese Hände noch fähig sind
die über die Saiten streichen
wie über die Brüste einer Frau
und in der Nacht
klingt seine Stimme
noch immer in mir nach ...

23

*... **O**bwohl*
du schon gegangen bist
sind deine Hände noch da
Hände,
die sich sachte schmiegen
an die Rundungen
meines lustumwogten Körpers
nur deine Hände
sonst nichts
und ich stelle mir vor
es sind gestohlene Berührungen
mein Herz
hast du ja schon ...

24

*... **Wenn die Berührung***
deiner Lippen
mich dem Schlaf entreißt
deine Hände
über meinen Körper streifen
wie ein Wanderer
der die Sonne sucht
erwacht die Frau in mir
die ich mir selbst
verheimlicht habe ...

25

*... **S**chon vom ersten Tag an*
liebten wir uns;
nur eine schöne, vergnügliche Nacht
wollten wir uns machen
doch wir kamen nicht mehr davon ...
dem Unverhofften
verdanken wir
das Beglückendste ...

26

*... **D**es Wartens überdrüssig*
prüfen wir mit jeder Berührung
das Ausmaß unsrer Lust
das Gewicht unsrer Begierde
den fordernden Herzschlag
unsrer Sehnsucht ...
du spreizt dein Lächeln
dein Blick meint nur mich;
fang mich auf mit deinem Kuss
bis zu unsrem Mittelpunkt
ist es nur
ein kleines Stück ...

27

... Unsere Nasenspitzen
berühren sich fast
die Wärme deiner Lippen
das Einzige
was ich noch spüre
eine rettende Insel
inmitten dieser Kälte ...
meine Zungenspitze tastet
über Lippen die frieren
suchen nach deinem Kuss
der alles andere auslöscht
ein loderndes Streichholz
an einem trockenen
Haufen Stroh ...

28

... *Mit der Anmut*
eines schönen Tieres
erklimmt er
den ansteigenden Pfad vor mir;
hat der Wind sein Haar
genug zersaust
gleiten seine gespreizten Finger
hinein, wie eine Hand
die besänftigend durch das Fell
eines Panthers streicht
meine Augen folgen
dieser bändigenden Hand
springen auf diese Nackenpartie
an den Punkt
wo sein Haar
sie endlich freigibt
wo nur noch zarter, dunkler Flaum
auf seinem untersten Halswirbel
wächst;
ich trotte hinter ihm her
und bin doch auf der Flucht ...

29

*... **D**en Weg*
den du kommen wirst
schmücke ich
mit rotem Klatschmohn
hänge Sonnenstrahlen
über die Äste der Bäume
und streue mir
von der Nacht zuvor
den Glanz des Mondes
in mein Haar;
dann umarme ich das Warten ...
auf meinen Händen
trage ich dir
das Rauschen des Windes
ein Stück entgegen ...

1. Preis beim Wettbewerb der „Bibliothek des Deutschsprachigen Gedichtes"

In der Nibelungenstadt Worms, wo Siegfried einst um Kriemhild freite, lebte, liebte und arbeitete die Autorin bis 2009. Ihre berufliche Laufbahn mutet abwechslungsreich an; Ausbildung zur Einzelhandelskauffrau, Fachkosmetikerin, Visagistin und Atemtherapeutin. Mit ihrem Mann leitet sie viele Jahre Kurse für Atem- und Körperarbeit, schreibt nebenbei ein vegetarisches Kochbuch für ihre Patienten.

Ihre erste Gedichtsammlung über „Begegnungen und Wandlungen" entwickelt sich für sie völlig überraschend. In dieser Zeit beginnt sie ein zweijähriges Studium für Belletristik. Weitere Texte Erotischer Lyrik folgen. 1999 gewinnt sie den 1. Preis bei einem Gedichtwettbewerb der „Bibliothek des Deutschsprachigen Gedichtes". Während dieser intensiven Schöpfungsphase entdeckt sie die Lust an der Aktfotografie, dem Spiel von Licht und Schatten auf dem Körper.

Nach ihrer Rückkehr 2009 aus Buenos Aires löst sie ihren Haushalt auf und wandert nach Bali aus, wo sie drei Jahre ihres Lebens verbringt. Nach einem mehrmonatigen Aufenthalt in Montevideo des Tangos wegen, lässt sich die Autorin auf den Kanaren nieder. Seit 2016 lebt sie wieder in Deutschland.